tin de

Leonard de Vinci

génie universel

bayard jeunesse

L'incroyable destin de Léonard de Vinci, génie universel
Texte : Élisabeth de Lambilly
Illustrations : Alban Marilleau

Photos des pages documentaires :
p. 6, 42 : Electa/Leemage
p. 19, 34 : © Her Majesty Queen Elizabeth II, 2019/Bridgeman Images
p. 23 : Louvre, Paris, France/Bridgeman Images

18, rue Barbès, 92120 Montrouge
ISBN : 979-1-0363-1341-7
Dépôt légal : septembre 2019
8e tirage : décembre 2022

Loi no 49-956 du 16 juillet 1949 sur les publications destinées à la jeunesse.
Imprimé en France par Pollina s.a., 85400 Luçon - 45298.

CHAPITRE 1

TOUT APPRENDRE, TOUT COMPRENDRE

L'air est doux en ce début de printemps 1462. Il a suffi de quelques jours pour que la campagne toscane* se couvre de fleurs. Dans la lumière dorée de la soirée, les cyprès qui bordent les jardins ondulent doucement au vent. Sur la colline qui surplombe le petit village de Vinci, un enfant est allongé dans l'herbe fraîche. Indifférent à une

** La Toscane est une région située au centre-ouest de l'Italie. La ville de Florence en est la capitale.*

petite mouche qui va et vient sur sa joue, il suit des yeux le vol majestueux d'un rapace qui tournoie dans le ciel. Dans sa tête, mille questions s'agitent. « Comment fait cet oiseau pour s'élever dans les airs ? Il est lourd, pourtant… Ce doit être grâce à ses ailes… Mais… comment fonctionnent-elles ? Et si j'avais des ailes, moi, est-ce que je… »

Soudain, une voix interrompt ses pensées.

– Léonard ? Léonaaaard ?

Le jeune garçon secoue ses boucles blondes. C'est Albiera ! Vite, il se lève : il a oublié l'heure du repas ! Il attrape son carnet et dévale le chemin. Heureusement que sa jeune belle-mère s'amuse de ses escapades quotidiennes. Sur le pas de la porte, elle l'accueille en souriant, ôte quelques brins d'herbes encore accrochés à son capuchon et le pousse tendrement à l'intérieur.

– Allez, viens. Ta soupe va refroidir.

Tandis que Léonard engloutit sans mot dire un délicieux potage aux légumes, messire Piero, son père, l'observe du coin de l'œil. « Quel enfant étrange », se dit-il. En effet, le petit Léonard est bien différent de ses demi-frères et sœurs. Il est surtout d'une curiosité rare pour son âge. Il s'intéresse à tout. Rien ne lui échappe. Pas un rocher, un insecte, une plante qu'il n'observe ou ne dessine. On dirait qu'il cherche sans arrêt à comprendre et qu'avec ses beaux yeux verts il veut percer le secret de toute chose.

Quelques mois plus tard, Piero prend une

TOUT COMMENCE EN ITALIE

Léonard de Vinci a vécu au début de la Renaissance. Cette période commence en Italie au XVe siècle et s'étend ensuite à toute l'Europe. Elle est caractérisée par des bouleversements intellectuels et artistiques.

L'Antiquité redécouverte

À Rome, les papes font de grands travaux pour rénover la ville. De nombreux vestiges de l'antiquité romaine sont retrouvés. L'Antiquité redevient à la mode et connaît une véritable « renaissance ».

Un bouleversement du savoir

Alors qu'au Moyen Âge on s'intéressait surtout à Dieu, des « humanistes » donnent à l'homme la première place. Comme Léonard de Vinci, ils cherchent à mieux connaître le monde. Grâce à la mise au point de l'imprimerie en 1453, les livres permettent la diffusion de leur savoir.

L'art transformé

Les artistes ne peignent plus seulement des sujets religieux. Peintres et sculpteurs étudient l'anatomie et le mouvement. La peinture à l'huile et la découverte de la perspective (une technique qui permet de donner l'illusion de la profondeur) modifient leur manière de peindre.

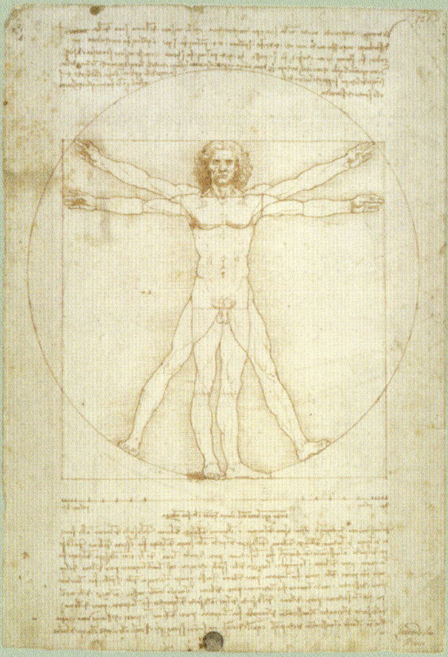

L'homme de Vitruve, symbole de l'humanisme, dessiné par Léonard.

L'Italie, le plus riche pays d'Occident

L'Italie est divisée en petits États indépendants. La famille des Médicis à Florence, les Sforza à Milan ou les papes à Rome soutiennent financièrement les grands artistes.

Les Français veulent leur part

Cette richesse fait des jaloux. D'autant plus que les rois de France se prétendent héritiers des duchés de Naples et de Milan. Charles VIII attaque en 1495, c'est le début des guerres d'Italie. De leurs expéditions, les nobles français reviennent avec des œuvres d'art et diffusent la Renaissance en France.

charge de notaire à Florence. La famille quitte la campagne pour la ville. Quel changement pour Léonard ! Il regrette amèrement ses sorties au grand air. Mais la magnifique cité offre mille et une choses à découvrir. Et puis il est très occupé. Son père lui fait donner des leçons de mathématiques, mais aussi de musique.

Piero regorge de fierté :

– Sais-tu Albiera, Léonard est très doué pour le calcul !

Sa femme renchérit :

– Et il joue tellement bien de la lyre...

– Ce sont surtout ses dessins qui m'impressionnent, rajoute Piero, songeur.

Un jour qu'Albiera entre dans la chambre de Léonard, elle en ressort aussitôt, toussant et suffoquant.

– Aaaaaah ! crie-t-elle, Quelle odeur pestilentielle !

Inquiet, Piero accourt.

– Que se passe-t-il ?

– Entre, je ne peux pas... ça sent trop mauvais...

L'homme ouvre de nouveau la porte non sans avoir placé auparavant un mouchoir sur son nez. La chambre de Léonard est en désordre, comme d'habitude. Et là, sur une étagère, il aperçoit deux oisillons morts... Voilà la raison de cette odeur !

– Mais que peut-il bien en faire ? murmure-t-il.

Dans un rayon de lumière où la poussière fait comme des grains de soleil, Piero aperçoit, par terre, des feuillets couverts de dessins. Il y a là des dragons, des machines, des spirales, des visages. Et des croquis d'ailes d'oiseaux, sans doute ceux de l'étagère...

Laissant tomber son mouchoir, Piero ramasse quelques pages. Il les époussète et les regarde longuement avant de les enrouler et les mettre dans sa poche. En sortant, il sourit à Albiera.

– Je ne crois pas que ce gamin sera notaire comme moi...

Tôt le lendemain, messire Piero s'habille

élégamment et sort sans bruit. La journée s'annonce belle mais il fait encore frais. Il se hâte dans les rues de la ville qui s'éveille, longe les palais, traverse l'Arno* et frappe à la lourde porte d'un petit bâtiment. Un apprenti lui ouvre aussitôt, le priant d'entrer.

– Je viens voir maître Andrea, explique Piero.

* *L'Arno est le fleuve qui traverse la ville de Florence.*

Est-il ici ?

Tout à la fois peintre, sculpteur, architecte et orfèvre, Andrea del Verrocchio est l'un des artistes les plus réputés de Florence. Piero s'incline pour le saluer avec respect. Il sort les feuillets de sa poche.

– Maître, permettez-moi de vous montrer ceci. C'est mon fils...

Mais déjà le maître s'est saisi des feuilles qu'il examine attentivement, le souffle court. Piero est impatient :

– Eh bien ?

– ...

– Alors ? interroge encore Piero.

– Hmmm... Hmmm..., grommelle Andrea après un long silence. Quel âge a-t-il ?

– Quinze ans, maître.

– Soit, fait le peintre. Qu'il soit dès demain matin dans mon atelier : je le prends comme apprenti.

CHAPITRE 2
QUAND L'ÉLÈVE DÉPASSE LE MAÎTRE

– Les pinceaux, Léonard ! As-tu nettoyé les pinceaux ?

– Oui, maître Andrea.

– Et ce panneau de bois, prépare-le avec soin, je dois commencer à peindre demain !

– Bien. Ce sera prêt.

– Et tu balayeras le sol, ce plâtre a fait trop de poussière !

– Comme vous voudrez, maître Andrea.

Léonard sourit. Ah ! Comme il est heureux dans l'atelier ! Pourtant, on ne lui confie que de menues tâches. Mais il y a tant à regarder, tant à apprendre ! Car les commandes ne manquent pas. Ici, on dessine, on apprend à sculpter, on trace des plans d'architecte et on fait même de la mécanique ! Alors, dans les pièces spatieuses, au milieu du plâtre et du marbre, autour de grandes

tables encombrées de pinceaux et de couleurs, le jeune homme n'en perd pas une miette. Il écoute, s'imprègne. Tout l'intéresse. Luca et Tommaso, les autres apprentis, se moquent :

– Eh, Léonard, ne reste pas planté là !

– Viens, nous aider plutôt !

Léonard hausse les épaules. S'il veut tout retenir, c'est qu'il a envie d'être bien plus qu'un peintre, lui ! Pourquoi ne pourrait-il pas devenir aussi

astronome et botaniste, dessinateur et ingénieur, musicien et architecte ?

En attendant, ce que Léonard préfère, c'est préparer les couleurs. Sur la table propre, il aime disposer soigneusement les pigments en petits tas de poudre fine et colorée. Il sait y creuser un cratère du bout des doigts pour y verser ensuite de l'eau et de l'œuf. Il maîtrise la manière de mélanger longuement pour que chaque pigment devienne une pâte uniforme avec laquelle le maître va peindre. Et tout en s'activant, il imagine le vert des cyprès de son village, le bleu limpide du ciel après l'orage, le jaune des champs de blé…

Un matin, Andrea s'approche.

– Léonard, je voudrais t'apprendre une nouvelle technique. Je la tiens d'un peintre hollandais et je voudrais bien pouvoir l'essayer.

Ce disant, son maître lui tend un flacon rempli d'un liquide aux reflets dorés.

– Cette fois, tu vas mélanger les pigments avec ceci.

Léonard prend la petite bouteille et la porte à ses narines.

– Mais c'est de l'huile ! s'exclame-t-il, étonné.

– Tout à fait, sourit Andrea. Et il paraît qu'avec ça il est plus facile de peindre la lumière.

Peindre la lumière… Cette phrase résonne dans la tête de Léonard. C'est justement ça qu'il a envie de faire. Avec un pinceau et des couleurs, il sait qu'il peut faire autre chose que de la décoration.

Il est sûr qu'il peut représenter le mouvement, peindre de vraies expressions. Il essaye ces couleurs à l'huile sur un morceau de bois.

– Quelle transparence ! murmure-t-il, ravi.

Et il se promet tout bas de n'utiliser que cette nouvelle façon de peindre.

Les années passent. Léonard, Luca et Tommaso travaillent d'arrache-pied. Chacun d'entre eux se surpasse pour avoir le droit de participer à l'une

des œuvres du maître.

Depuis quelques semaines d'ailleurs, ce dernier est occupé à travailler sur une commande de première importance : une peinture représentant le baptême de Jésus. Comme c'est l'habitude à la Renaissance, c'est lui, le maître, qui exécute les parties les plus importantes du tableau. Ce matin, il examine son travail en long et en large, très minutieusement. Il s'approche pour en

scruter le moindre détail, puis recule pour bien le voir entièrement. Et il sourit, fort content de lui : les deux personnages principaux sont très réussis. Les trois assistants se sont approchés. Ils savent que l'un d'eux va être désigné pour peindre le reste, comme le paysage du fond ou les figures moins importantes. Les jeunes hommes retiennent leur respiration, le cœur battant. Le maître grommelle dans sa barbe, puis il ordonne d'une voix ferme :

– Léonard, je te charge de peindre l'ange que j'ai prévu de faire figurer ici.

– Ou... oui, bredouille Léonard, qui sait que c'est un grand honneur.

– Tâche de te montrer à la hauteur, ajoute Andrea, je tiens beaucoup à cette œuvre !

Le maître ne croit pas si bien dire. Quelque temps plus tard, alors qu'il ferme l'atelier pour la nuit, il s'approche de la peinture. À la lueur tremblotante de sa chandelle, ce qu'il aperçoit le laisse sans voix. Son élève a peint un ange aux

(suite page 20)

LES SECRETS DE LÉONARD

« La peinture est une poésie qui se voit », disait Léonard de Vinci. En effet, ses peintures sont d'une mystérieuse beauté. Et pour cela, l'artiste a des secrets bien à lui.

Le champion du *sfumato*

L'une des techniques préférée de Léonard est le *sfumato*, un mot italien qui veut dire « embrumé », « enfumé ». Il superpose des couches très fines de peintures à l'huile. Ces couches, appelées « glacis », permettent de rendre flous les contours du dessin et de les fondre dans l'atmosphère.

Explorer le corps

Pour rendre la grâce d'un geste, Léonard a compris qu'il fallait qu'il sache exactement comment un bras bouge. Il va se passionner pour l'anatomie et se livrer à une véritable exploration du corps humain, notamment en disséquant des cadavres malgré l'interdiction de l'Église.

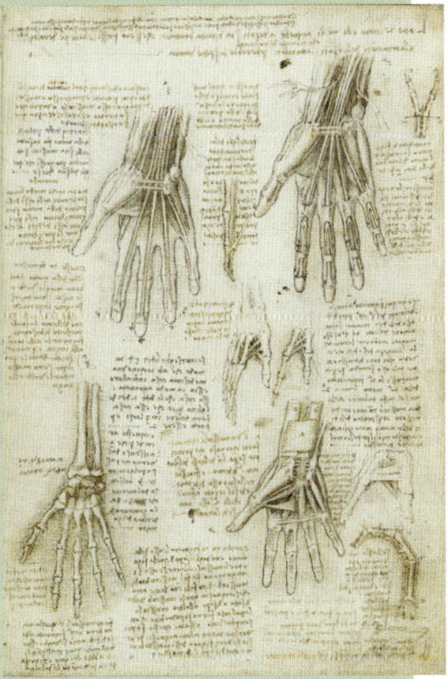

Toute une préparation !

À l'époque, les artistes peignent essentiellement sur du bois. Chaque panneau est d'abord enduit d'un mélange à base de chaux et d'arsenic, un poison qui éloigne les insectes. Puis il est recouvert d'huile de lin et de vernis. Une fois sec, le support de bois est lavé et poncé.

L'ombre, la lumière

Léonard plonge ses scènes dans l'ombre pour donner une incroyable importance aux sujets principaux qui, eux, sont mis en lumière. On a ainsi l'impression qu'ils surgissent devant nos yeux.

Peu de peintures mais quels chefs-d'œuvre !

Léonard n'a pas réalisé beaucoup de peintures mais ce sont toutes des chefs-d'œuvre admirés dans le monde entier. Aujourd'hui, les spécialistes estiment que 14 à 17 peintures seulement sont de la main de Léonard de Vinci.

cheveux blonds d'une beauté infinie... La peau qui paraît fraîche et douce, le mouvement de la tête et cette lumière... on dirait qu'il est vivant. Le peintre s'étouffe de colère :

– Morbleu ! Cet ange, on ne voit que lui ! Ce n'est pourtant pas le sujet du tableau !

De rage, il renverse tout ce qui passe sous sa main, les pinceaux, les pots, et s'écrie :

– Jamais, plus jamais je ne peindrai !

Puis claque la porte de l'atelier.

Rien à faire : Léonard est bien plus doué que lui.

CHAPITRE 3

À LA COUR DE MILAN

« … J'ai le moyen de construire des ponts très légers mais solides. J'ai aussi des méthodes pour faire des bombardes qui lancent des pierres comme si c'était la tempête. J'ai des plans pour construire des vaisseaux qui résistent au feu. Je ferai des chars inattaquables, je fabriquerai des catapultes. En temps de paix, je vous donnerai entière satisfaction soit en architecture, soit pour conduire l'eau d'un point à un autre. Pour vos besoins, je peux exécuter

de la sculpture en marbre, bronze ou terre et, de même en peinture, mon œuvre peut égaler celle de tout autre artiste...»

Intrigué, Ludovic Sforza relit une fois encore la lettre étrange qu'il a reçue ce matin. Ce Léonard de Vinci ne manque pas d'aplomb! Il pourrait l'envoyer tout droit en prison pour tant d'insolence... Il avait seulement demandé un sculpteur pour réaliser une statue équestre en l'honneur de son père! Cependant le duc se gratte le menton. À tout bien réfléchir, ce maître semble savoir faire beaucoup de choses... Et c'est justement de cela dont il a besoin. À la tête du duché de Milan, le seigneur Sforza doit avoir à ses côtés un artiste pour décorer son palais, un architecte pour embellir la cité, mais aussi un ingénieur militaire. Car il vit dans la crainte d'une attaque de ses voisins. Ne devrait-il pas l'engager? Il appelle son conseiller:

– C'est décidé! Faites venir maître de Vinci à Milan!

C'est ainsi que, en 1482, Léonard quitte Florence. Depuis qu'il est devenu maître indépendant, cinq ans auparavant, il a eu de belles commandes. Mais

UNE ŒUVRE À LA LOUPE

Peint entre 1503 et 1519, *Sainte Anne, la Vierge et l'Enfant* est considéré comme l'ultime chef-d'œuvre de Léonard. Il a été restauré en 2012.

Ça bouge !

Dans cette scène paisible, Léonard a représenté sainte Anne et sa fille, la Vierge, ainsi que l'enfant Jésus. Un thème très à la mode à son époque. Mais ce qui est nouveau, c'est qu'ici, rien n'est immobile ! Sur les genoux de sa mère, Marie se penche très en avant pour retenir Jésus qui tente de s'échapper.

Jeux de regards

Les visages des trois figures reflètent une grande douceur. Sainte Anne observe la scène avec un sourire qui rappelle celui de la Joconde. Marie et Jésus se regardent tendrement.

Tout se mêle

Pour mieux montrer l'amour qui unit l'enfant, sa mère et sa grand-mère, le peintre a réuni leurs corps dans un même mouvement. Le bras droit d'Anne se confond avec celui de Marie, la tête de celle-ci recouvre l'épaule de sa mère et le bras gauche de Marie est prolongé par celui de Jésus.

Paysage fantastique

Derrière les personnages, Léonard a peint un magnifique paysage bleuté, presque surnaturel. La technique du sfumato donne l'impression d'une brume et accentue ainsi la profondeur.

Un enfant turbulent

Ici, Jésus est loin d'être le bébé sage de la crèche ! L'air malicieux, il empoigne les oreilles de l'agneau sur lequel il voudrait bien monter à califourchon. Même si la petite bête ne semble pas d'accord !

quand il a su que le duc de Milan recherchait un sculpteur, il n'a pas hésité. Car il est comme tous les artistes de cette époque : il sait que le meilleur moyen d'avoir du travail est de se mettre sous la protection d'un prince.

Dès son arrivée, Léonard propose à son protecteur une incroyable quantité de projets. Arbalète, canon à vapeur, char d'assaut mais aussi scaphandre pour respirer sous l'eau, compteur kilométrique et même une machine volante qui reproduit le mouvement des ailes d'un oiseau ! Quelle imagination ! Ludovic est enthousiasmé. Il apprécie cet artiste élégant qui ne ressemble à personne. Il aime venir lui rendre visite dans son atelier. Et il le trouve souvent en train d'écrire ou de dessiner.

– Vraiment, ne quittez-vous donc jamais vos carnets ? On raconte à la cour que vous en avez rempli plus de deux mille feuillets ! Que diable écrivez-vous dedans ?

Léonard sourit.

– J'aime prendre des notes sur tout et rien, imaginer un mécanisme, mesurer, peser, calculer, comparer…

Le duc s'est emparé de l'une des feuilles qu'il examine avec attention. Puis il éclate de rire :

– Je n'y comprends rien ! Il m'est impossible de vous lire !

En effet, Léonard écrit de droite à gauche et forme ses lettres à l'envers… Ludovic Sforza se méfie :

– Auriez-vous donc des secrets à dissimuler ? reprend-il en fronçant les sourcils.

L'artiste secoue ses cheveux longs :

– Que votre Excellence se rassure ! C'est juste que je suis gaucher et que je vais bien plus vite en écrivant dans ce sens-là !

Puis, baissant la voix, il ajoute à l'oreille du duc :

– Écoutez plutôt ce que j'ai prévu pour vos prochaines festivités...

Car, à Milan, Léonard n'est pas seulement un ingénieur militaire. C'est aussi le maître des

cérémonies de la cour. Une aubaine pour lui qui adore les machines ! Avec talent, il organise de somptueux divertissements avec toutes sortes d'automates et de décors mobiles. Un jour, lors d'un mariage à la cour, il imagine de représenter le mouvement des planètes en faisant évoluer les acteurs dans les airs à l'aide d'un ingénieux système d'échafaudages. Les invités sont éblouis :

– Là, voyez ! Ooooh !

– Les danseurs apparaissent et disparaissent dans le ciel !

– Encore une invention de maître de Vinci...

Les courtisans émerveillés ne voient pas le jeune garçon qui se faufile entre eux. Dans un récipient, il chipe quelques dragées bien sucrées. Puis, la bouche pleine, il applaudit. Décidément son maître est une vedette ! À nouveau, il tend la main pour attraper une friandise. Quand on l'arrête fermement. C'est Léonard et il n'est pas content :

– Salaï ! Que fais-tu ici ? Je t'avais demandé de rester à l'atelier !

En guise d'explication, l'enfant fait son plus beau sourire.

Léonard soupire :

– C'est bon... Allez, file !

Aussitôt, le jeune garçon s'en va en courant. Depuis qu'il est entré comme apprenti à l'atelier, il donne bien du fil à retordre. Il vole, il ment, il est très désobéissant. Léonard l'a même surnommé Salaï, qui veut dire « diablotin » en italien. Mais son maître lui pardonne tout... Peut-être parce le beau visage de Salaï ressemble à ceux qu'il aime peindre.

CHAPITRE 4

LE PLAISIR DE PEINDRE

Enfin ! Ludovic Sforza commençait à s'impatienter. Il a fait une commande à Léonard voilà des mois et il n'a encore rien vu. Le peintre dit qu'il aime prendre son temps. Oui mais là... c'est du jamais vu ! Et tout cela pour peindre le portrait de Cecilia, sa jolie favorite. Alors, quand Léonard lui fait savoir qu'il a fini, le duc s'empresse d'aller à l'atelier.

– Bienvenue, Excellence ! l'accueille Léonard de bonne humeur.

Mais Ludovic n'a pas envie de perdre de temps en politesses.

– Montrez-moi, messire Léonard, je vous prie...

– Venez, fait Léonard en se dirigeant vers la partie de l'atelier où une fenêtre apporte la lumière dorée de l'après-midi.

Le duc de Milan s'approche. Et ses yeux s'écarquillent de surprise. Ce n'est pas du tout un portrait comme on en fait d'habitude ! Sa jolie amie n'est pas représentée de face ou de profil. Pour rendre son modèle plus vivant, Léonard a peint la jeune fille le corps orienté vers la gauche tandis que sa tête se tourne vers la droite. Elle semble surgir de l'ombre et la lumière révèle la peau claire de son visage, la finesse de ses traits et l'hermine blanche qu'elle tient dans ses longues mains... Jamais le duc n'a vu une telle peinture ! Aussitôt, le portrait est montré à la cour et la célébrité de Léonard s'étend bien au-delà du duché de Milan.

Ludovic est ravi : comme il a eu raison d'engager cet artiste incroyable !

Quelques années plus tard...

– Faites venir maître Léonard, j'ai un important travail pour lui !

Le duc fait en effet d'importants travaux dans un couvent de la ville. Et il voudrait que Léonard y peigne une grande fresque* pour orner le mur du réfectoire*. Le peintre accepte aussitôt.

– Excellence ! Vous savez bien que peindre est ce que j'aime par-dessus tout !

Depuis le Moyen Âge, dans les réfectoires des abbayes, c'est la tradition de représenter la Cène, le dernier repas de Jésus avec ses disciples. Oui, mais comment le peindre autrement ? Des jours durant, du matin au soir, Léonard réfléchit devant le vaste mur de la pièce. Ça y est ! Il a trouvé ! Il va montrer le moment précis où le Christ annonce

* *Fresque : c'est une image peinte sur un mur ou un plafond.*
* *Réfectoire : salle à manger des moines.*

qu'il va être trahi par l'un de ses amis. Trahi ? Par un ami ? Cette nouvelle provoque l'effroi, la stupeur, la colère ! Autour de Jésus, qu'il a placé exactement au milieu, là où se porte le regard, chacun des personnages réagit à sa manière. Et Léonard veut que chaque visage soit le plus réaliste possible. Alors, le soir venu, on le voit parcourir les rues et

INCROYABLES CARNETS

Toute sa vie, Léonard a couvert des milliers de pages de notes et de croquis. Beaucoup se sont perdues. On n'en connaît qu'un tiers, 6 000 environ, réunies sous forme de carnets ou « codex ».

Pages par milliers

Dans ces carnets, on trouve pêle-mêle notes de lecture, observations, calculs ou croquis d'inventions. Les commentaires qui les accompagnent sont souvent illisibles : ils sont écrits sans accent ni ponctuation et parfois à l'envers !

Caricatures

Léonard pense qu'il existe un lien entre le physique d'une personne et son caractère. Il sait croquer avec un rare talent une expression, un défaut physique et constitue ainsi, dans ses carnets, une drôle de galerie de portraits.

Sous l'eau ou dans les airs

Fou de technologie, Léonard n'a cessé de dessiner des machines. Il rêve de respirer sous l'eau et invente un tuba et un incroyable scaphandre. Fasciné par l'idée de voler, il dessine aussi toutes sortes d'engins volants bien en avance sur son temps.

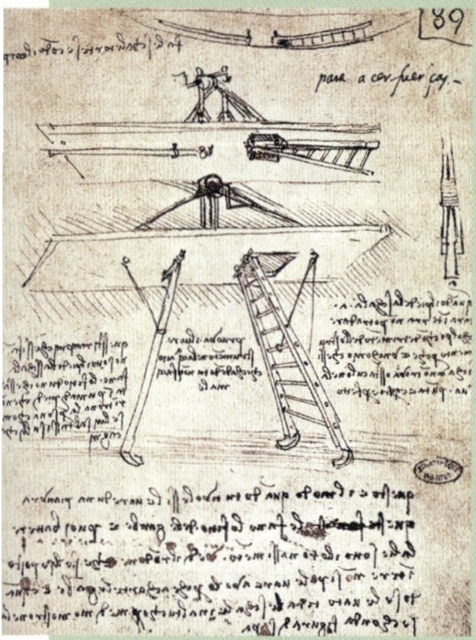

Ingénieur militaire

Pour ses protecteurs, Léonard imagine des machines de guerre et des armes redoutables. Comme l'ancêtre du char, un engin sur roues surmonté d'une tourelle et armé de canon, ou une arbalète géante qui pouvait lancer un boulet de 2 tonnes !

Que la fête commence

Lors des fêtes à la cour, il met au point d'incroyables mécanismes destinés à éblouir le public. Pour François Ier, il réalise un lion mécanique. Cet automate s'avançait vers le roi et ses flancs s'ouvraient pour laisser s'échapper des brassées de lys.

visiter les tavernes de la ville pour y trouver des modèles qu'il dessine par dizaines dans ses carnets.

– Tu vois, confie-t-il à Salaï, je voudrais qu'on comprenne mes peintures comme si elles parlaient.

Parfois, le peintre travaille de l'aube jusqu'au soir sans même manger. D'autres jours, il reste sur son échafaudage, immobile et silencieux sans donner un seul coup de pinceau ! Le seigneur Sforza s'impatiente :

– Alors, messire, quand donc aurez-vous terminé ? gronde-t-il.

Les moines, de leur côté, sont très agacés :

– Combien de temps encore ? Nous aimerions profiter en paix de notre salle à manger !

Léonard a bien du mal à supporter ces remarques. Il invente toutes sortes d'excuses : un décor à terminer, des plans à tracer... Mais tous ces gens ne comprennent-ils pas qu'il a besoin de temps ? Et puis il n'est jamais satisfait et a toujours envie de corriger. Au bout de quatre ans, *La Cène* est enfin terminée et c'est un chef-d'œuvre.

Mais la guerre bouscule la vie tranquille du peintre à Milan. La ville est conquise par les Français. Le duc et sa famille s'enfuient. Léonard fait de même. Il va à Mantoue, à Venise, à Rome puis retrouve Florence. Tout le monde le réclame. Comme Francesco del Giocondo, un noble florentin, qui le prie de faire le portrait de son épouse, Lisa. Mais la jeune femme est triste : elle a perdu une petite fille. Et les séances de pose avec Léonard sont si longues ! Pendant des heures, il superpose les fines couches de peinture pour que, sur son tableau, le visage et le corps de son modèle semblent comme enveloppés d'une vapeur légère. Alors pour distraire la jeune femme, le peintre fait appel à Salaï et à des musiciens. Est-ce grâce à leurs joyeux refrains ? Aux farces du jeune apprenti ? Sur le visage de dame Lisa passe un léger sourire, un peu mystérieux, que Léonard s'empresse de reproduire de la pointe de son pinceau.

CHAPITRE 5

AUPRÈS DU ROI DE FRANCE

Pauvre messire del Giocondo ! Il ne recevra jamais le portrait de son épouse ! Léonard n'arrive pas à s'en séparer. Il ne le juge pas terminé et le retouche sans cesse. Et ça, Francesco Melzi le sait bien. Depuis qu'il est entré dans l'atelier de Léonard, il y a huit ans, jamais ce tableau n'a quitté son maître. D'ailleurs, en ce jour d'automne 1516…

– Francesco ! appelle Léonard. N'oublie pas de mettre le portrait de dame Lisa dans nos bagages !

– C'est déjà fait, répond le jeune homme. J'ai aussi emballé le tableau de sainte Anne que vous avez commencé.

De son côté, Salaï fait les derniers préparatifs. Leur maître a soixante-trois ans maintenant et le périple qu'ils vont entreprendre est long pour un homme de son âge. Dans l'entrée de l'atelier, il a réuni leurs affaires. Les vêtements, des provisions

pour la route et, dans des sacoches de cuir, les centaines de carnets. Demain, ils quittent l'Italie pour un dernier voyage. Léonard a accepté l'invitation de l'un des plus prestigieux souverains d'Europe : le roi de France !

Quelques mois plus tard, la fatigue du trajet est oubliée : en France, Léonard est reçu comme l'un des personnages les plus importants du royaume. Quel honneur ! François Ier l'a fait installer au manoir du Clos-Lucé, tout à côté du château d'Amboise où séjourne la cour.

– Rendez-vous compte, maître, s'enthousiasme Francesco en faisant une profonde révérence. Vous avez le titre de « Premier peintre, ingénieur et architecte du roi » !

– Et puis, avec tout l'argent que vous donne le roi de France, plus de problèmes financiers ! renchérit Salaï dans un éclat de rire.

Le vieil homme acquiesce d'un signe de tête. C'est vrai que, dans ce cadre magnifique, il peut continuer ses recherches et travailler l'esprit tranquille. Et les idées ne manquent pas : projets d'irrigation, élaboration d'une ville nouvelle, plan d'un escalier pour le prochain château du roi... Léonard continue à remplir ses carnets. Sauf quand il est interrompu par des visites. Et il y en a beaucoup !

Car on se presse pour le voir. François Ier, lui aussi, passe quotidiennement. Il existe même

un passage souterrain qui lui permet de venir directement depuis son château d'Amboise ! Le soir venu, alors que le feu crépite dans la cheminée, les deux hommes parlent longuement. Le jeune souverain observe avec tendresse l'artiste italien. Sa grande barbe blanche et son visage creusé de rides profondes lui donnent l'allure d'un vieux sage. Le roi aime rester des heures en sa compagnie discuter d'art, de nouvelles techniques,

LA JOCONDE

Le portrait de Lisa del Giocondo, dit *La Joconde*, est l'une des peintures les plus célèbres du monde. Plus de 7 millions d'admirateurs se pressent chaque année au musée du Louvre pour l'admirer.

Une œuvre unique

Tout est nouveau dans *La Joconde*, la composition en forme de pyramide, les nuances de lumière, cette impression bizarre qu'elle nous suit du regard, et au fond, cet étrange paysage.

Que de péripéties !

À la mort de Léonard, François Ier achète *La Joconde*. En 1800, Napoléon l'installe dans sa chambre puis la fait accrocher au Louvre. Panique ! en 1911, elle est volée par un Italien qui veut la rendre à son pays. Elle est retrouvée deux ans plus tard à Florence. En 1956, elle est agressée : on lui jette une pierre ! Aujourd'hui, elle est protégée par une vitre pare-balles.

Un modèle qui inspire toujours

Bien des artistes se sont amusés avec *La Joconde*. Marcel Duchamp lui a mis une barbe et des moustaches ; Botero lui a fait prendre des kilos ; et un peintre chinois, Yin Xin, l'a transformée en chinoise !

Les mystères de la Joconde

On a tout dit sur *La Joconde* : qu'elle était enceinte, qu'il s'agissait du portrait d'un jeune homme, ou même d'un autoportrait de Léonard, que son étrange sourire serait dû à une maladie, que ses yeux dissimuleraient un code secret…

Quand un apprenti copie

En 2012, le musée du Prado à Madrid a découvert dans ses réserves une autre Joconde. Les experts ont conclu que c'était une copie qui avait été faite dans l'atelier de Léonard. Peut-être est-ce l'œuvre de Francesco ?

de philosophie. Il l'appelle même « mon père » !

Malgré la douceur de la campagne des bords de la Loire et l'affection du roi de France, Léonard sent bien que sa vie se termine. Si son esprit est encore vif, son corps le fait souffrir. Il ne marche plus beaucoup et sa main droite est paralysée.

– Francesco, appelle-t-il un jour. Approche, j'ai à te parler.

Melzi s'assied près de son maître qui lui dit à mi-voix :

– Le temps est proche où je ne serai plus. C'est à toi que je voudrais léguer mes carnets.

– Mon maître ! s'écrie le jeune homme. Ai-je mérité un tel héritage ?

Léonard sourit.

– C'est peut-être un honneur, mais c'est aussi une grande responsabilité... Car, vois-tu, il y a une nouveauté à laquelle je n'ai pas prêté assez attention. C'est l'imprimerie.

Francesco ne voit pas bien où son vieil ami veut en venir.

– Et ?

– Je te confie le soin de réunir mes notes et mes dessins par thème afin qu'ils soient publiés. J'ai déjà commencé...

Léonard rêve de voir publier un traité* de peinture, un traité sur les ombres et la lumière, un autre sur l'anatomie, un autre encore sur les machines.

Mais la maladie ne lui laisse pas le temps de terminer et le 2 mai 1519, il meurt entouré de ses fidèles compagnons. Comme il l'avait souhaité, il est enterré dans la chapelle du château d'Amboise.

On raconte que le jeune roi de France fut inconsolable des jours durant et qu'il ne trouvait la paix qu'en contemplant le portrait de dame Lisa.

Quant à Melzi, il ne fit jamais publier les traités de Léonard... Les milliers de feuillets furent vendus et éparpillés. Ceux qui n'ont pas été perdus sont désormais dans des musées. Et il suffit de les

* *Traité : livre qui se consacre particulièrement à un sujet.*

regarder pour comprendre que leur auteur était doué d'une intelligence hors du commun et que, curieux de tout et avide de comprendre, c'était un véritable génie, un génie universel.

DANS LA MÊME COLLECTION

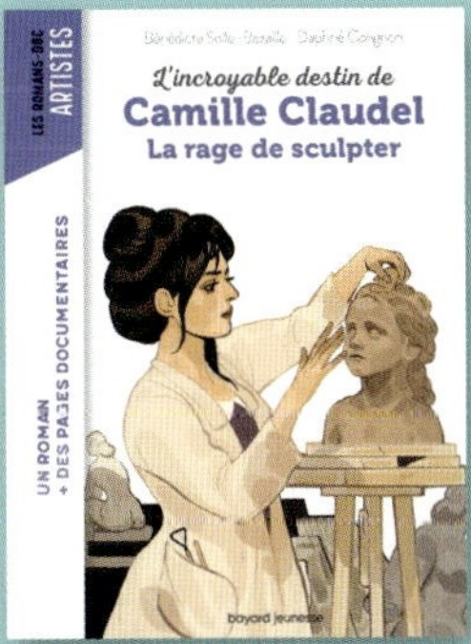

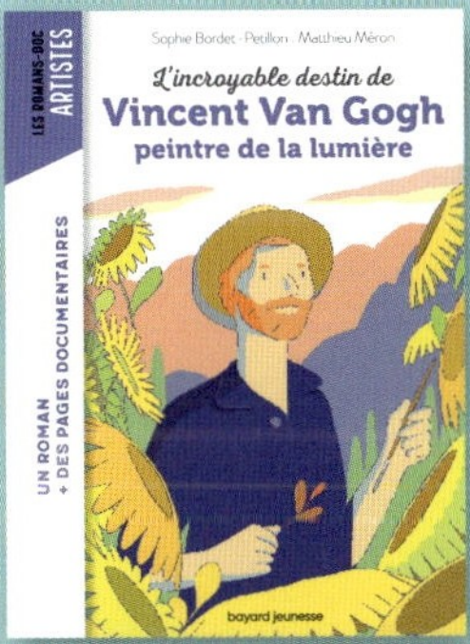

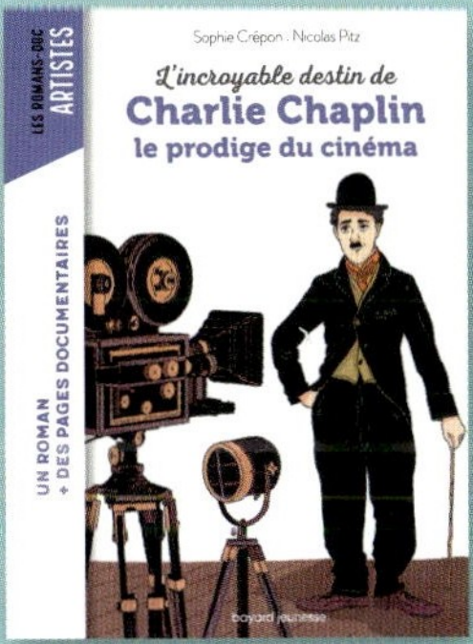

RETROUVE IMAGES DOC EN LIBRAIRIE !

LES ENCYCLOPÉDIES

Pour découvrir l'Histoire et ceux qui l'ont faite

184 pages • 14,90 €

LES BD

Pour voyager au cœur de l'histoire des hommes

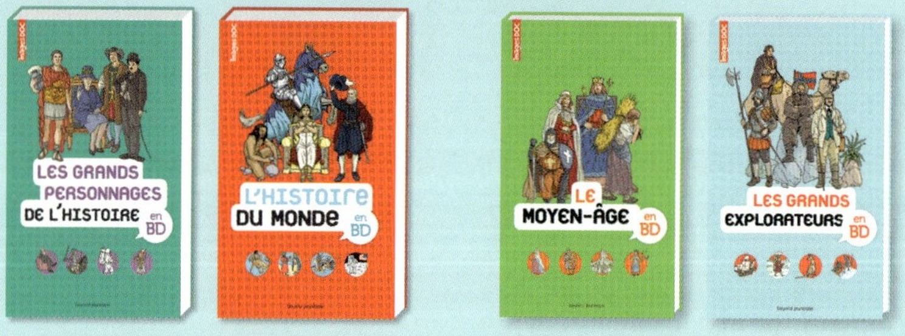

330/400 pages • 24,90 €

100 pages • 13,90 €

240/270 pages • 19,90 €

200 pages • 19,90 €

bayar